〈토토야 놀자〉는 예비 초등학생과 초등 저학년을 위한 교양 시리즈입니다. 스스로 즐겁게 공부할 수 있도록, 따뜻한 인성을 키울 수 있도록 도움을 주고자 합니다.

글 김향금

서울대학교에서 지리학과 국문학을 공부한 뒤, 같은 학교 대학원에서 고전 문학을 전공했어요. 지금은 그림책과 논픽션 책을 기획하거나 글을 쓰는 일을 하고 있어요. 역사·지리·인물 이야기를 주로 썼고, 토목 같은 묵직한 주제의 논픽션에 관심이 많습니다. 쓴 책으로는 《사윗감 찾아나선 두더지》, 《아무도 모를 거야 내가 누군지》, 《세상을 담은 그림 지도》, 《어흥, 호랑이가 달린다》가 있으며, 기획하거나 쓴 책으로는 '우리 알고 세계 보고' 시리즈(전 5권), '그림책 지리 이야기' 시리즈(전 3권), '초등학생을 위한 첫 우리 고전' 시리즈(전 4권), '한국사 탐험대' 시리즈(전 10권)가 있습니다.

그림 방정화

동덕여자대학교에서 산업디자인을 전공하고 디자이너로 활동했어요. 제2회 출판 미술 대전에서 은상을 수상한 후 본격적으로 삽화 작가가 되었습니다. 〈주간조선〉을 비롯한 여러 저널에 수년간 시사 삽화를 그렸고 출판, 광고, 문구 분야를 넘나들며 다양한 작업을 했습니다. 이러한 경험이 그림책 작가로 활동하는 데 좋은 영향을 주었습니다. 《나처럼 해 봐요, 요렇게!》, 《오늘은 김장하는 날》, 《벙어리 꽃나무》외에 200여 권이 넘는 책에 그림을 그렸고, 글과 그림을 함께한 책으로는 《왈왈이와 얄미》, 《고래똥 향수》, 《내 동생은 고릴라입니다》가 있습니다.

감수 박경

서울대학교 지리학과와 같은 학교 대학원 지리학과를 졸업하고, 미국 캔자스대학교에서 지형학 박사 학위를 받았습니다. 지금은 성신여자대학교 지리학과 교수로 있습니다.

● 이 책을 만들면서 많은 도움을 받았습니다. 원고를 검토해 준 이승목 님과 해도를 살펴 주신 국립해양조사원 해도수로과 직원 여러분께 감사를 드립니다.

● 일러두기
이 책 안의 그림지도는 어린이 독자들이 '지도의 개념'을 쉽게 이해하는 데 도움을 주고자 창작한 것입니다.

지도는 보는 게 아니야, 읽는 거지!

글 김향금 그림 방정화 감수 박경

www.totobook.com

작가의 말

나는 지도를 좋아합니다

내가 글을 쓰는 방에는 아주 커다란 우리나라 전도와 세계 전도가 걸려 있습니다. 일을 하다 심심해지면 지도를 쳐다봅니다. 가 보지 않은 곳에 눈길이 닿으면 그곳에 대한 상상과 호기심으로 가슴이 두방망이질을 해 댑니다.

　나는 글을 쓰기 위해 여행이나 답사를 자주 하는 편입니다. 먼 곳으로 떠나기 전에 반드시 큼지막한 지도를 펴 놓고, 지도로 떠나는 상상 여행을 하지요. 어디 어디를 갈까 동선을 짜기도 하고, 맛집을 찾아 동그라미를 치기도 해요. 지도로 떠나는 상상 여행은 가 보지 않은 곳에 대한 설렘과 호기심과 내 멋대로의 상상이 곁들여졌기에 실제 여행 못지않게 흥미진진하답니다. 지도는 실제로 가 보지 않더라도 그곳에 대한 풍부한 정보를 전달해 줍니다.

　하지만 '성가시게도' 지도에서 풍부한 정보를 얻으려면 '지도 읽는 법'을 알아 두어야 해요. 아주 오래전부터 인류는 지도를 만들어 왔는데, 3차원인 공간을 2차원인 종이 위에 옮기기 위해, 또 작은 종이 한 장에 수많은 정보를 압축하기 위해, 지도에 수없이 많은 암호와 약속과 거짓말을 숨겨 놓았거든요.

    이래서, 그저 슬쩍 눈으로 보아서는 제대로 지도의 정보를 알아낼 수 없습니다. 세세한 지도의 약속을 익혀야 해요.

    지도 읽는 법은 '독도법(讀圖法)'이라고 합니다. 이 책은 지도 읽는 법을 쉽고 재미있게 풀이한 책입니다. 같이 작업한 화가 분이 더할 나위 없이 아름다운 색과 선으로 멋지게 지도를 그려 주었습니다.

    이 책은 두고두고, 야금야금, 조금씩 읽고 또 읽는 책이랍니다. 먼저 지도가 무엇인지 지도의 개념을 알고, 지도의 약속을 익히며, 여러 주제도를 보면서 지도의 쓰임새를 조목조목 알아 가고, 지도에 담긴 세계관까지 차근차근 이해해 나가기를 바랍니다.

    늘 지도를 곁에 두고 지도 읽기를 즐기는 사람이 되었으면 하는 바람에 이 책을 썼다는 말을 마지막으로 전합니다.

김향금

차
례

작가의 말	2
내 머릿속의 꼬물꼬물 지도	6
우리 동네 골목골목을 알아!	8
지도에서는 왜 위에서 내려다본 모습을 그릴까?	10
동서남북 4방향과 8방향!	12
방향에 맞춰 지도를 빙빙 돌려라!	14
축척에 따라 땅 모양이 작게, 더 작게 줄어들었네!	16
축척을 알면 실제 거리를 알 수 있다고?	18
지구에서 난 어디에 있을까? 지구의 주소, 위도와 경도	20
위도와 경도에 숨은 재미난 사실!	22
지도를 읽으면 세상이 생생하게 보여!	24

지도에는 땅의 생김새가 어떻게 그려졌을까?	26
지도가 하는 말, 기호	28
울퉁불퉁 등고선 완전 정복!	30
자연과 사회를 잘 보여 주는 주제도	32
바다의 안내도, 해도	34
지도에 그린 역사, 역사 지도	36
사회를 거울처럼 비추는 통계 지도	38
지도가 하는 참말! 거짓말?	40
옛날에는 세상의 중심이 어디였을까?	42
오늘날 세계 지도의 중심은 어디일까?	44
누구나 어디나 세상의 중심이 될 수 있어!	46

별책 부록 - '지도 읽는 법'과 친해져요

내 머릿속의 꼬물꼬물 지도

"아무래도 내 머릿속에 지도가 들어 있나 봐!
눈 감고도 학교 가는 길이 입에서 술술 나오는걸."

윤이의 머릿속 지도는 약도랑 비슷해.
자주 다니는 길에 무엇이 어디에 있는지 듬성듬성 표시되어 있어.

우리 아파트를 나오면 찻길이야.
오른쪽으로 쭉 걷다가 사거리가 나오면
또 오른쪽 골목으로 조금만 올라가.
그러면 우리 학교가 보여.

우리 동네 골목골목을 알아!

윤이는 혼자서 할아버지 댁에 심부름을 갈 수 있어.
심부름을 마치고 윤이가 집으로 오는데,
한 아주머니가 길을 물었어.
"얘, 지하철역이 어느 쪽이니?"
"여기서 앞으로 쭉 가다가, 갈림길에서 오른쪽으로 가세요."
윤이가 머릿속 지도를 떠올리며
지하철역으로 가는 길을 알려 드렸어.

내 머릿속 지도는 늘 정확할까?
머릿속 지도는 가끔 엉뚱하게 그려질 수도 있어. 내가 좋아하는 곳은 가깝고 크게, 내가 싫어하는 곳은 멀고 조그맣게 그려지지. 머릿속 지도에는 좋아하는 곳이랑 싫어하는 곳이 솔직하게 드러나네.

지도에서는 왜 위에서 내려다본 모습을 그릴까?

이 지도는 윤이네 동네 지도야.
지도는 우리가 사는 땅의 모습을 종이 위에 아주 작게 줄이고, 거기에
무엇이 어디에 있는지 갖가지 기호로 표시한 그림이야.
지도는 하늘에서 내려다본 땅의 모습을 그려.
하늘에서 내려다본 동네 모습이 좀 낯설게 보이지?
그렇지만 하늘에서 내려다봐야 집은 어디에 있고 학교는 어디에 있는지,
건물 간의 위치를 한눈에 볼 수 있어서 길을 쉽게 찾을 수 있어.

동서남북 4방향과 8방향!

윤이네 가족은 경주로 체험 학습을 떠날 거야.
윤이네가 묵을 민박집은 경주 경찰서 부근이래.
지도에서 먼저 찾아볼까? 경주역의 왼쪽하고 위쪽 방향에 경주 경찰서가 있네.

지도에는 방향(✳)이 꼭 표시되어 있어.
방향이란 '지금 있는 곳'에서 '갈 곳'을 바라다본 쪽을 말해.
일상생활에서는 자기 몸을 기준으로 왼쪽은 '서쪽', 오른쪽은 '동쪽', 앞쪽은 '북쪽',
뒤쪽은 '남쪽'으로 정하면 돼.
동서남북 4방향 말고 8방향도 있어.
8방향은 4방향 사이에 있는 방향인데 읽을 때는 '북동', '남동', '남서', '북서'라고 읽어.
참, 지도는 위쪽이 항상 북쪽이야. 지도에서 민박집은 경주역의 북서쪽에 있구나!

방향에 맞춰 지도를 빙빙 돌려라!

윤이네 가족은 경주역에 도착했어.
역에서 민박집을 가려고 해. 두리번두리번, 어느 방향으로 가지?
지도를 펼치자! 어, 눈앞에 보이는 길이랑 건물이 지도랑 달라!
지도를 시계 방향으로 90도 돌려놓자 모든 게 딱 들어맞네!
경주역을 나와 위쪽으로 쭉 걷다가 오른쪽으로 갔어.
찾았다!

길을 찾을 때 가장 중요한 게 방향이야. 방향만 제대로 잡으면 좀 헤매더라도 목적지에 갈 수 있어. 지도를 보며 길을 찾을 때는 지금 있는 곳에서 보이는 길, 건물이 지도의 방향과 맞는지 자주자주 확인해야 돼.

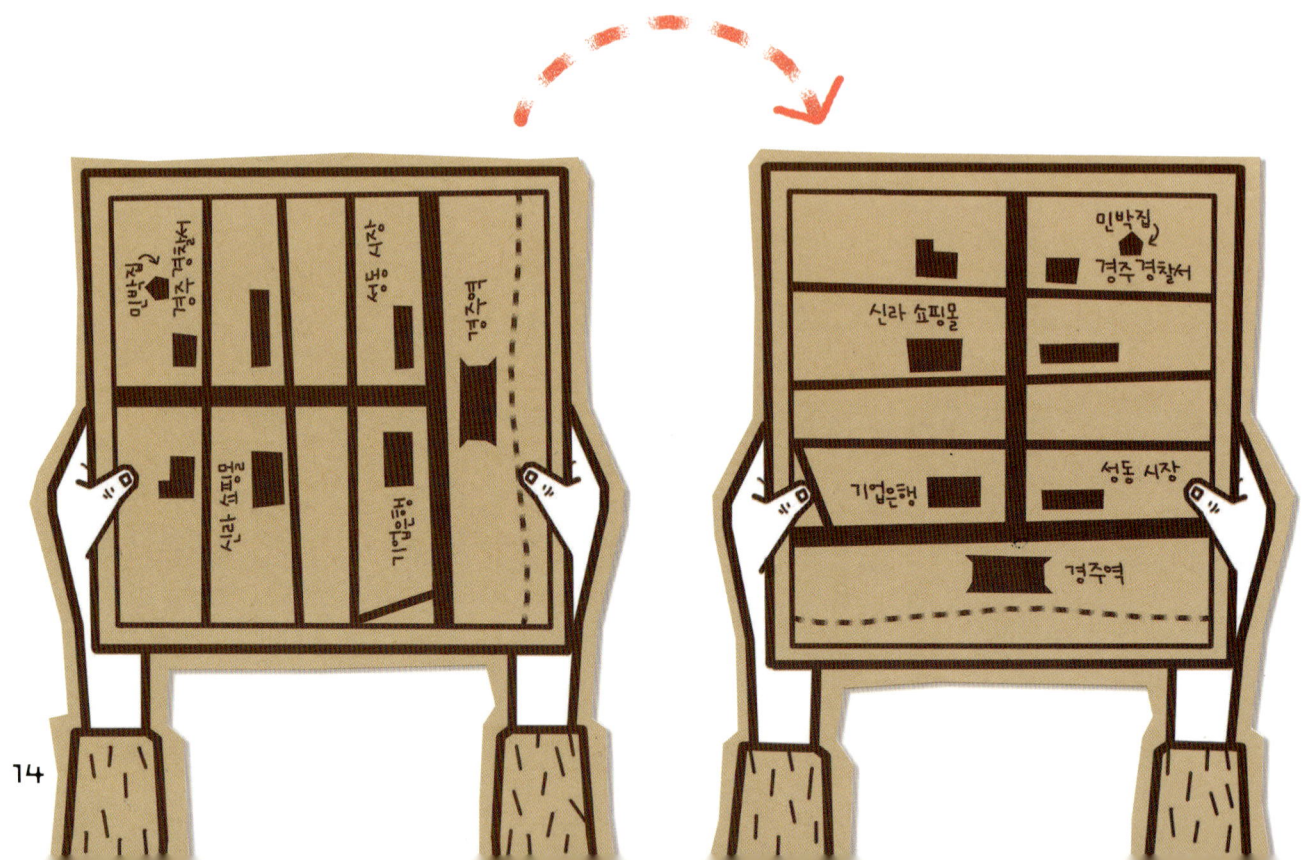

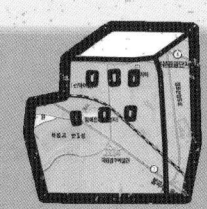

민박집
경주 경찰서
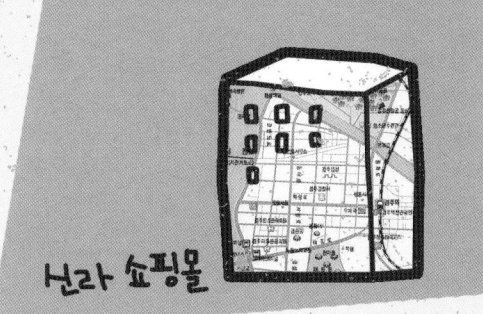

신라 쇼핑몰
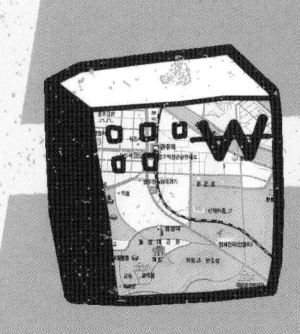

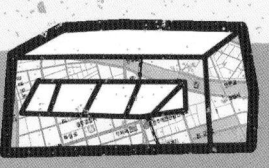
기업은행
성동 시장

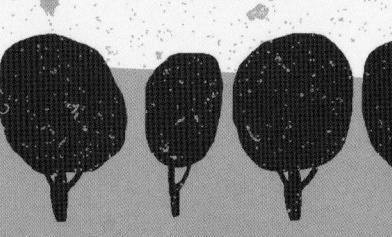

축척에 따라 땅 모양이 작게, 더 작게 줄어들었네!

다음날 윤이네 가족은 대릉원을 구경하고 근처 식당에서 점심을 먹었어.
오후에는 국립경주박물관을 구경할 거야.
윤이는 경주시 관광 지도를 펼쳐 국립경주박물관을 찾고 있는데
엄마랑 아빠는 우리나라 전도를 펼쳐 놓고 속닥속닥.
"여름 휴가는 남해안이 좋을까? 동해안이 좋을까?"
어, 우리나라 전도에서는 경주시가 훨씬 작아 보여.

축척에 따른 쓰임새

우리나라 전도 같은 '소축척 지도'는 실제 거리를 아주 많이 줄여서 지도가 나타내는 면적이 넓은 지도야. 커다란 땅덩이의 모습을 한눈에 볼 수 있지만 시시콜콜 자세한 걸 담을 수 없어. 경주시 관광 지도 같은 '대축척 지도'는 지도에 나타내는 면적은 비교적 좁지만 한 곳의 요모조모를 자세히 담고 있지. 축척을 표현하는 방법으로는 막대식 ┠──100m, 분수식 $\frac{1}{10,000}$, 비례식 1:10,000 이 있어.

지도는 넓디넓은 땅을 줄여서 아주 작게 그려야 하잖아?
'축척'은 실제 거리를 지도에서 얼마나 줄였는지를 표시하는 자야.
축척은 '줄인 자'라는 뜻이지.
축척에 따라 지도의 쓰임새가 달라져.
소축척 지도는 우리나라 전도나 세계 지도에,
대축척 지도는 관광 지도, 등산 지도, 도시 계획용 지도에 쓰이지.

축척을 알면 실제 거리를 알 수 있다고?

오늘은 주말! 윤이는 아빠랑 새로 생긴 공원에 놀러 가기로 했어.
버스 타고 갈까? 아니면 걸어갈까? 우리 아파트에서 공원까지 거리가 얼마나 될까?
지도를 펼치자! 축척을 알면 지도에서 두 곳의 거리를 잰 다음 간단한 셈으로
실제 거리를 알아낼 수 있어. 집에서 공원까지 거리를 쟀더니 2센티미터야.
이 지도는 축척이 1:100,000 지도야.
지도에서 1센티미터 거리가 실제로는 100,000센티미터 거리라는 뜻이야.
그렇다면 2×100,000=200,000센티미터, 곧 2킬로미터!
꽤 멀구나. 그래도 운동 삼아 걸어가자!

센티미터를 킬로미터로 바꾸는 건 전자계산기를 이용하거나 어른들의 도움을 받으면 돼. 1센티미터×100=1미터, 1미터×1,000=1킬로미터야. 1킬로미터=100×1,000=100,000센티미터이니까 2킬로미터는 200,000센티미터.

지구에서 난 어디에 있을까?
지구의 주소, 위도와 경도

윤이는 우체통에서 가져온 편지 봉투를 보다가 문득 궁금해졌어.
지구에서 우리나라 주소가 있을까?
지구에는 없지만 지도에는 전 세계에서 통하는 주소가 있어!
주소를 알면 우리나라뿐만 아니라 내 위치까지 알 수 있지.
이런 지도의 주소를 '좌표=자리표'라고 해.
남북 방향은 가로줄=위선을 그어 '위도'를 재고,
동서 방향은 세로줄=경선을 그어 '경도'를 재지.
자리표는 위도와 경도 순으로 표시하는데 우리나라는
N37° E126°(북위 37도 동경 126도)로 표시해.

윤이가 처음 있던 곳에서
오른쪽으로 세 칸, 위로 두 칸을 갔어.
지금 윤이가 서 있는 곳이 윤이의 자리표(3, 2)야.
이처럼 지도에서는 위선과 경선이 만나는
지점이 바로 그곳의 주소, 자리표이지.

위선

실제 지구에는 없지만 적도를 0°로 정하고, 적도와 평행하게 남극점까지 90°, 북극점까지 90°씩 나눈 선이야. 적도는 남극점과 북극점으로부터 같은 거리에 놓여 있어.

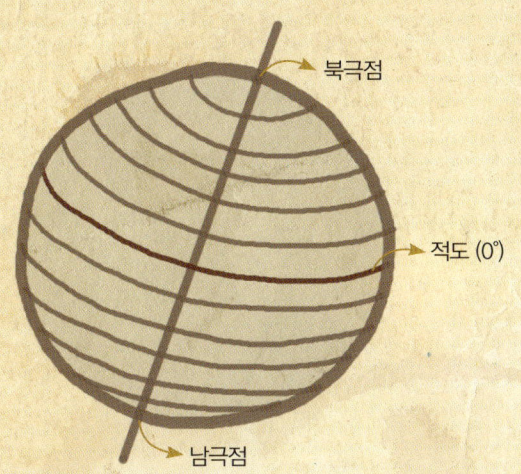

북극점
적도 (0°)
남극점

경선

실제 지구에는 없지만 영국의 그리니치 천문대를 지나는 본초자오선을 0°로 정하고, 그것을 기준으로 세로로 그은 선이야. 지구는 하루에 한 바퀴, 360°를 도는데 24시간이 걸려. 즉, 한 시간에 15°씩 움직이지.

본초자오선 (0°)

위도는 적도의 위쪽인 북반구는 북위(N)로, 남쪽인 남반구는 남위(S)로 표시해. 경도는 본초자오선을 기준으로 동쪽인 동반구는 동경(E)으로, 서쪽인 서반구는 서경(W)으로 표시하지.

위도와 경도에 숨은 재미난 사실!

윤이는 커다란 세계 지도를 펼쳐서 우리나라를 찾아보았어.
우리나라는 북반구 중위도 지역(북위 33°에서 43°)에 있어. 사계절이 뚜렷하지.
우리나라와 비슷한 위도에 있는 나라는 어디일까?
일본, 터키, 이탈리아, 에스파냐야!

우리나라는 동반구(동경 124°에서 132°)에 있어.
영국의 그리니치 천문대가 있는 본초자오선이 세계 표준 시간이고
본초자오선에서 동쪽으로 가든 서쪽으로 가든
15°씩 움직일 때마다 한 시간씩 차이가 나지.
우리나라는 세계 표준시보다 9시간이 빨라.

위도와 경도를 나누는 단위는
시간의 단위와 비슷해.
한 시간이 60분, 1분이 60초인 것처럼
1°(도)=60′(분), 1′(분)=60″(초)야.

지도를 읽으면 세상이 생생하게 보여!

지도는 보는 게 아니야, 읽는 거지!
'지도 읽기'란 지도를 요리조리 살피면서 직접 가지 않아도 그곳을 생생하게 머릿속에 떠올릴 수 있을 만큼 지도에 담긴 풍부한 내용을 알아내는 거야.
지도는 보통 '지형도'와 '주제도'로 나뉘어.
지형도는 모든 지도를 그릴 때 바탕으로 쓰이는 지도라서 '일반도'라고도 하지.
한 가지 주제(목적)를 위해 그려진 지도는 '주제도'라고 해.
관광 지도가 바로 대표적인 주제도이지.
차근차근 지형도와 주제도를 읽어 보자.

이 지도는 지형도야.
지형도에는 땅의 생김새뿐 아니라 자연물,
인공 구조물(건물, 다리, 도로 등)이
표시되어 있어.

반도
삼면이 바다로 둘러싸이고 한 면은 육지와 이어진 땅

평야
사방으로 펼쳐진 넓고 평평한 땅

만
바다가 육지 속으로 파고들어와 있는 곳

강
넓고 길게 흐르는 큰 물줄기

군도
무리를 이루는 크고 작은 섬들

리아스식 해안
해안은 바다와 육지가 맞닿은 부분. 리아스식 해안은 해안선의 드나듦이 복잡함

산
평지보다 높이 솟아 있는 땅

곶
바다 쪽으로 좁고 길게 뻗어 있는 육지의 한 부분

해협
육지 사이에 낀 좁고 긴 바다

지도에는 땅의 생김새가 어떻게 그려졌을까?

지도를 보면 그 땅의 특징을 한눈에 알아볼 수 있어.
이 지도는 우리나라 남부 지방을 그린 지도야.
요런조런 땅의 생김새를 산과 평야, 만과 곶 같은
'지리 용어'랑 연결해서 익혀 보자.
지리 용어가 한자어라서 처음엔 좀 어렵지만
땅의 생김새랑 같이 보면 오래오래 기억날 거야!

지도가 하는 말, 기호

지도에는 여러 가지 기호가 적혀 있어.
지도는 종이 한 장에 많은 내용을 담아야 하니까
땅 위에 있는 자연물과 인공 구조물을 모두 작은 기호로 나타냈어.
대개 지도 밑에 지도 범례(일러두기)를 따로 두지만
자주 쓰이는 기호는 실제 모습을 떠올리면서 익혀 두자.

지도에서는 평평한 평야는 녹색으로 표시해.
땅 높이가 높을수록 황색이 짙어지지.
이 지도를 봐. 가장 자리에 해수욕장과 항구가 있고, 한가운데에는 산이 있어.
바다로 둘러싸여 있고 가운데에 높은 산이 있는 곳, 제주도로구나!
지도에 있는 기호만 읽어도 제주도 구경이 저절로 되네!

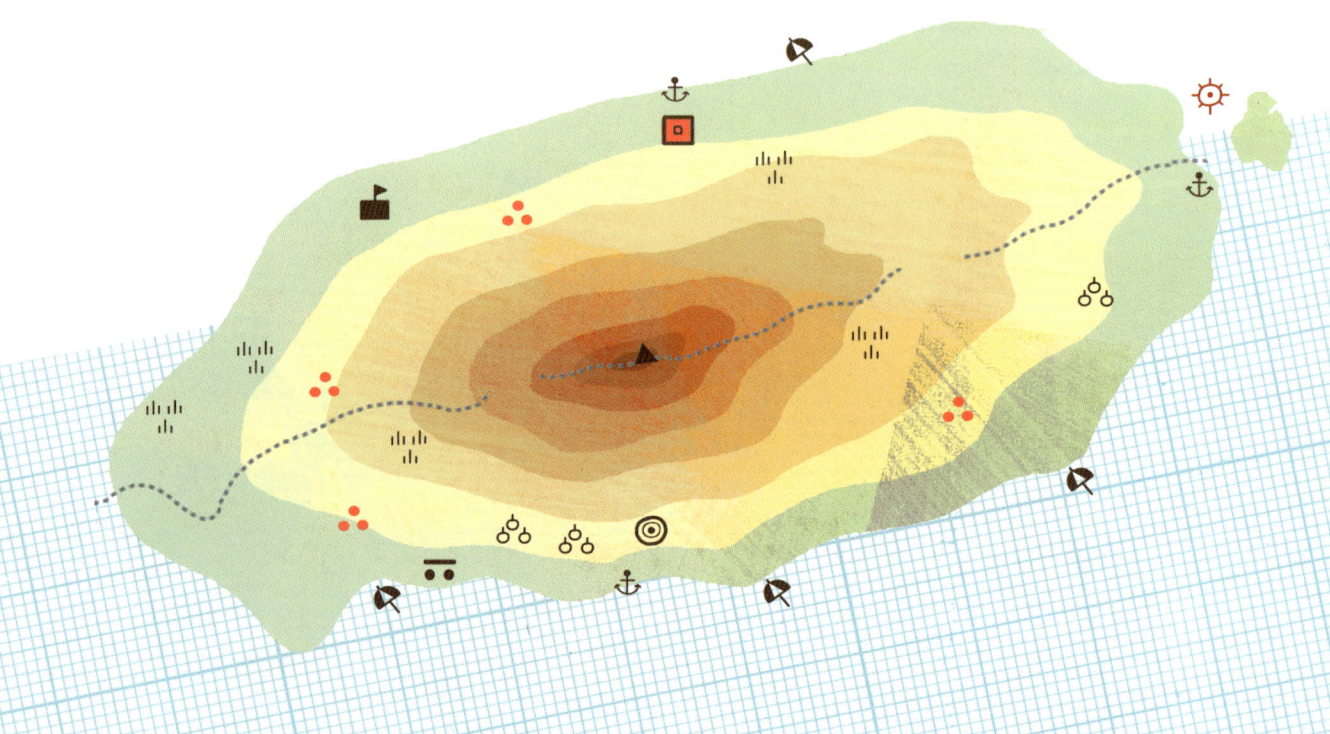

산봉우리에 올랐어!

ㄱ

여기는 고개야. 저 아래 물이 흐르는 계곡이 있어.

ㄷ

ㄴ

울퉁불퉁 등고선 완전 정복!

지도에는 땅의 높낮이를 나타내는 등고선이 있어.
우리가 사는 땅에는 울퉁불퉁 높낮이가 있는데
평평한 종이에다 땅의 높낮이를 그린 게 바로 등고선이야.
등고선은 땅의 높이가 같은 곳끼리 연결한 선이지.
지도의 등고선을 잘 읽으면 어디가 얼마나 높은지,
산이 어떻게 생겼는지 훤히 알 수 있어.
산의 높이에 따라 등고선이 어떻게 그어지는지 보고
등고선과 산의 모양을 비교해 보자.

등고선 읽는 법

등고선은 어느 쪽으로도 끊긴 곳이 없는 닫힌곡선이야. 등고선의 한 점을 따라 돌고 돌다 보면 반드시 원래 점으로 돌아오지.
등고선의 간격이 촘촘할수록 가파른 비탈이고 넓을수록 완만한 비탈이야.
등고선에서 맨 가운데 곡선은 뾰족한 산봉우리야.(ㄱ) 계곡은 산과 산 사이를 따라 움푹 파인 골짜기, 물이 흐르는 곳이지.(ㄴ) 고개는 산봉우리와 산봉우리 사이의 낮은 곳을 가리켜.(ㄷ) 능선은 산등성이를 따라 쭉 이어진 선이야.(ㄹ)

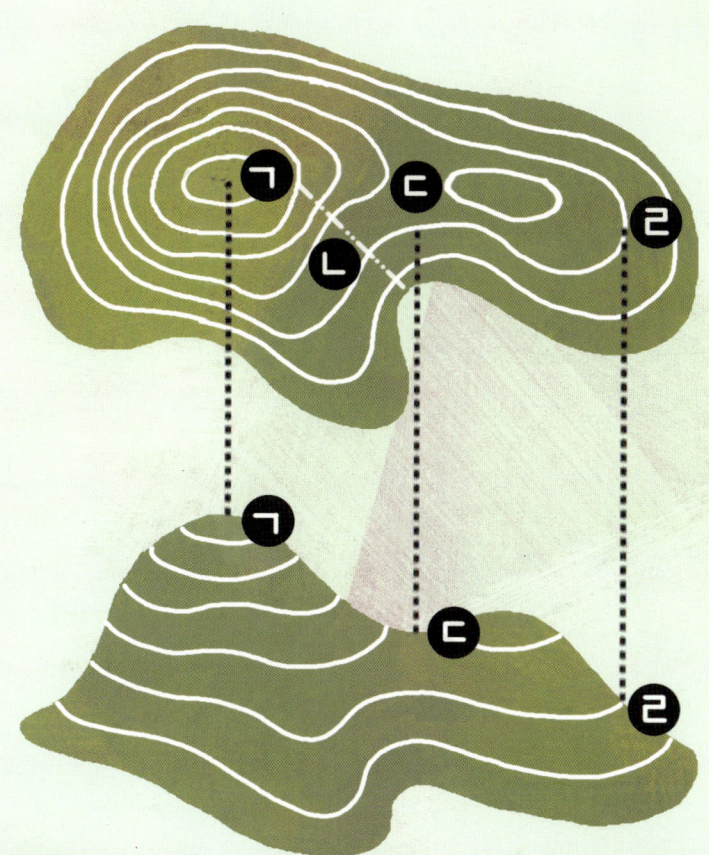

능선따라 올라가자.

자연과 사회를 잘 보여 주는 주제도

길이 꽉 막혔어. 교통 지도를 펼치자!
쫙쫙 직선으로 뻗은 고속 국도는 물론이고 구불구불 샛길도 다 나왔네!
주제도는 관광 지도나 교통 지도처럼 이용하는 목적에 따라
제각각으로 만든 지도야.
또한, 주제도는 점, 선, 면 가운데 주제의 특징을
잘 살릴 수 있는 것을 선택해서 그리기도 해.
다양한 주제도를 살펴보자.

면적 지도

우리나라에 홍수가 일어난 횟수를 나타낸 지도야. 이런 지도에서는 색깔의 짙음과 연함이 중요해. 푸른색이 짙은 전라남도와 경상남도 일부, 서울과 인천에 호우 피해가 크다는 걸 알 수 있어.

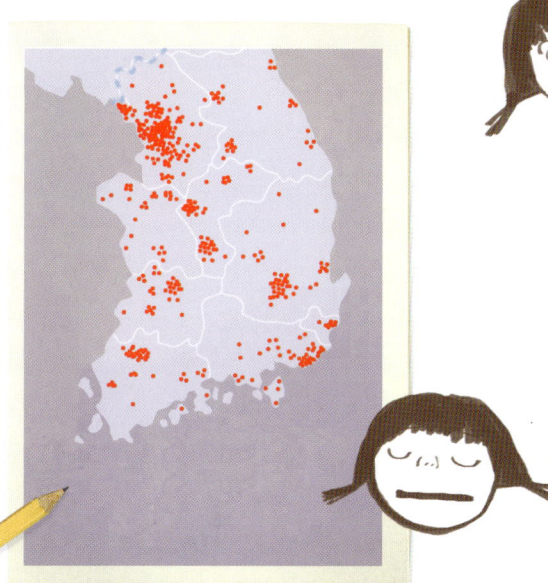

점묘도

점이 몰려 있는 서울과 인천, 부산 같은 대도시에는 사람이 많이 몰려 살고 강원도 같은 산촌이나 전라남도, 충청남북도, 경상북도 같은 농촌, 해안가에 있는 어촌은 사람이 별로 많지 않다는 걸 알 수 있어.

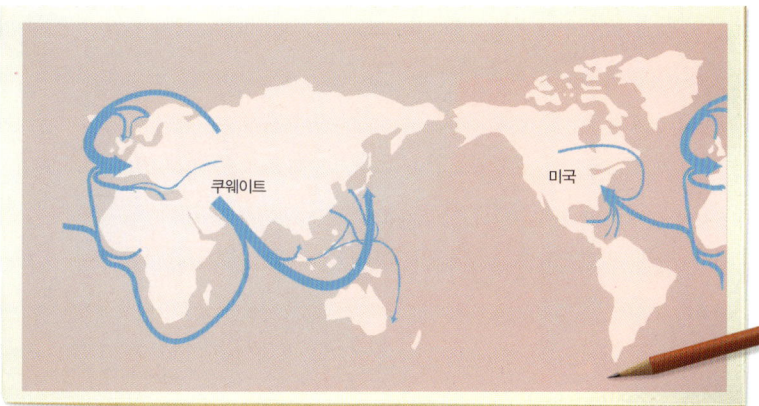

유선도

세계의 가장 중요한 에너지인 석유가 어디에서 어디로 이동하는지 한눈에 볼 수 있어. 이런 지도에서는 선의 방향과 굵기가 중요해. 대부분의 석유가 아랍의 여러 나라에서 유럽, 미국, 일본과 우리나라로 이동한다는 걸 알 수 있어.

33

바다의 안내도, 해도

망망대해에서 뱃길을 찾는 건 보통 어려운 일이 아니야.
게다가 바닷길은 여기저기에 크나큰 위험이 도사리고 있지.
넘실거리는 파도, 휘몰아치는 바람, 곳곳에 숨은 암초(물밑에 있는 바위)까지!
'해도'는 항해사들이 바다에서 안전한 항해를 하도록 안내하기 위해 만들어진 주제도야.
바닷물의 깊이, 해안선, 암초, 항구, 등대와 배가 다니는 길을 알 수 있지.

마셜 군도의 해도

이 해도는 아주 오랜 옛날에 태평양 한복판에 있는 마셜 군도 사람들이 만든 거야. 야자수 줄기를 얼기설기 엮어 지도의 뼈대를 만들고 빗금이나 반원으로 바닷물의 흐름이나 파도의 방향을, 줄기 사이에 끼운 조개껍데기로 섬들의 위치를 표시했어. 뗏목을 타고 태평양을 누빈 섬사람들의 지혜와 경험이 녹아 있어서 지금 봐도 정확한 지도래!

지도에 그린 역사, 역사 지도

역사 지도는 영토와 도읍지, 나라 사이에 벌어졌던 전쟁이나 물건을 사고파는 교역의 흐름을 그린 주제도야.

이 지도는 삼국 시대 때 세 나라의 영토랑 도읍지를 한눈에 볼 수 있는 역사 지도야.
신라의 도읍지는 줄곧 금성(경주)이었어. 고구려와 백제는 도읍지를 세 차례 옮겼는데 어디였을까?
지도를 보자!
고구려는 졸본→국내성→평양으로,
백제는 위례성(서울)→웅진(공주)→사비(부여)로
도읍지를 옮겼다는 걸 알 수 있어.
역사를 지도 위에 펼쳐 놓고 보니
우리 조상의 숨결이 느껴지는 것 같아.

사회를 거울처럼 비추는 통계 지도

세계에서 인구가 가장 많은 대륙은? 나라는?
우리나라는 몇 번째로 인구가 많은 나라일까?
통계 지도는 궁금한 것들을 전부 조사해서
총 합계를 낸 '통계'를 바탕으로 그린 '주제도'야.

이 통계 지도는 나라별 인구 크기를 면적으로 바꾼 지도야.
원래의 땅 모양을 무시해서 처음에 볼 땐 좀 어리둥절할 거야.
지도에 나타난 면적을 비교해 보면 아시아 대륙이 인구가 가장 많고,
나라별로는 중국>인도>미국 순이라는 걸 알 수 있어.
우리나라는 세계에서 25번째로 인구가 많은 나라야. (2011년 기준)

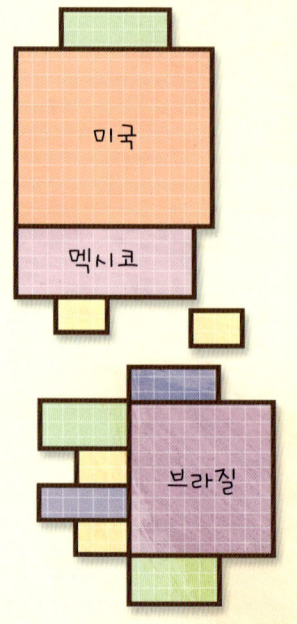

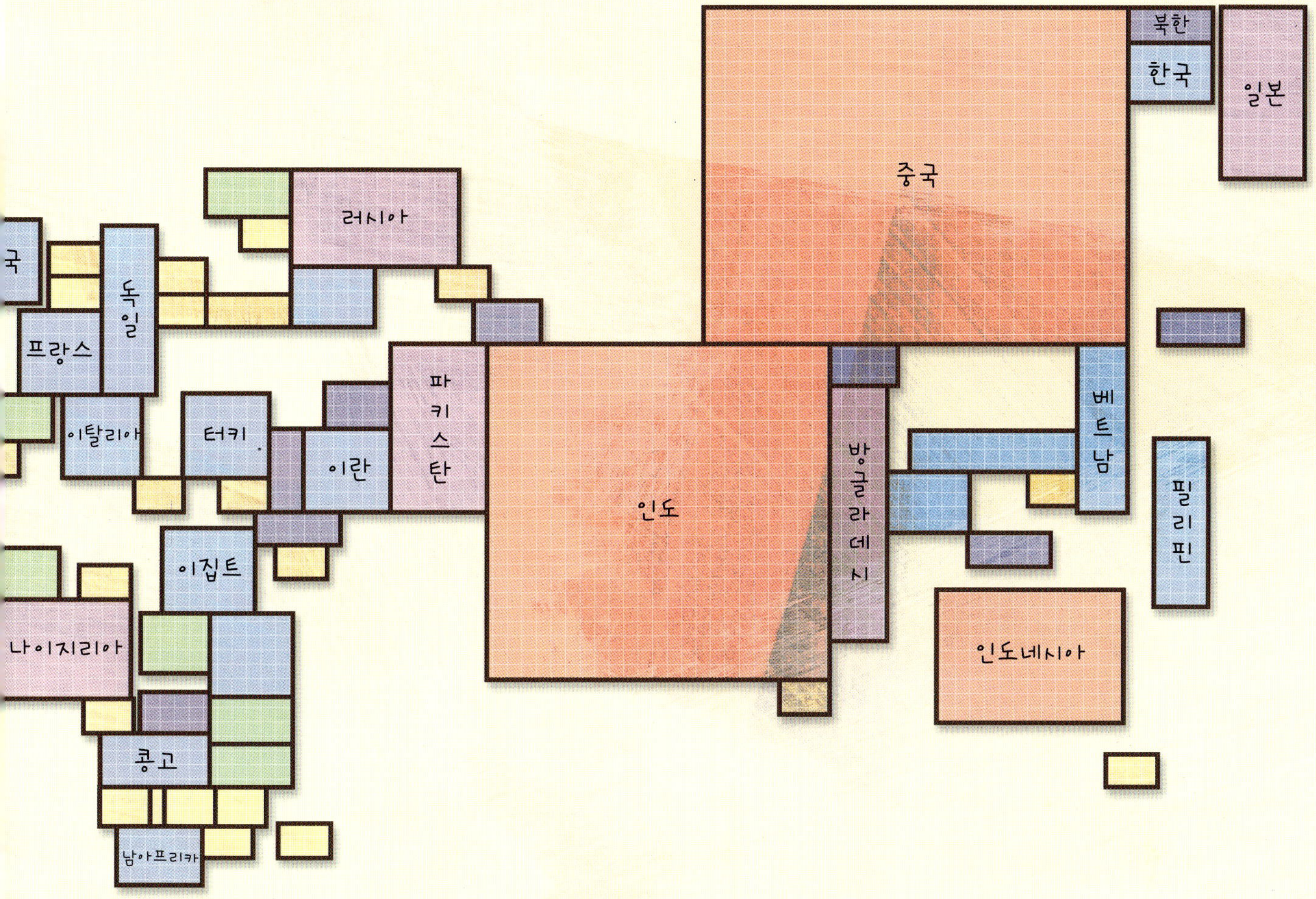
북한
한국
일본
중국
러시아
독일
프랑스
이탈리아
터키
이란
파키스탄
인도
방글라데시
베트남
필리핀
이집트
나이지리아
인도네시아
콩고
남아프리카

14억
12억
10억
8억
6억
4억
2억
중국
인도
미국
인도네시아
브라질
파키스탄
방글라데시
나이지리아
러시아
일본
우리나라

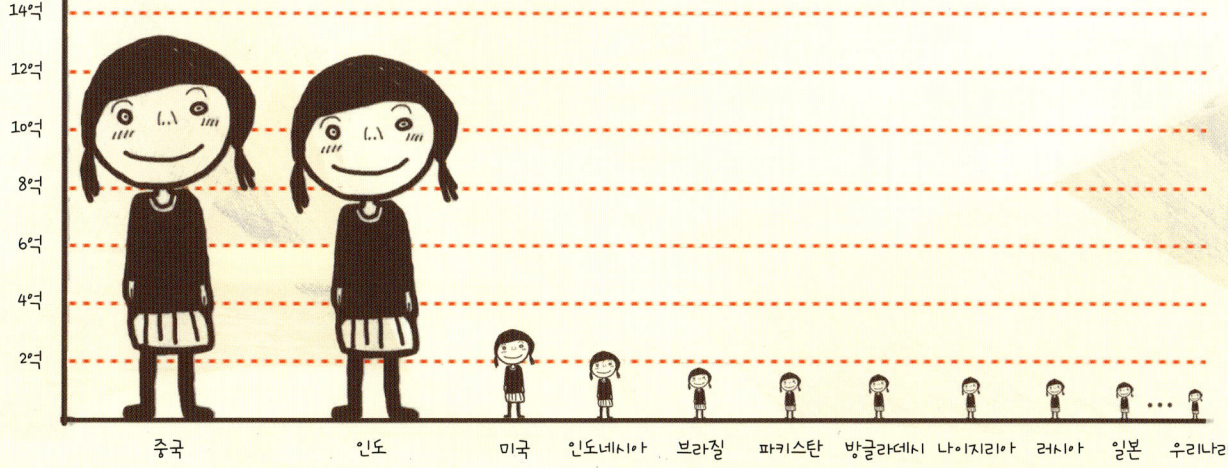

지도가 하는 참말! 거짓말?

"지도는 실제 땅 모양이랑 똑같아. 지도는 아주 정확해."
이렇게 사람들이 철석같이 믿는 것과는 달리, 이 세상에 모든 게 정확한 지도는 없어.
지도는 가끔 거짓말을 해!

이 세계 지도는 방향이 정확한 지도야. 그렇지만 땅 모양은 적도 부분만 정확하고 위아래로 갈수록 실제와 아주 달라. 원래 그린란드가 아프리카 대륙보다 작은데 비슷한 크기로 크게 그려졌지? 이 지도는 대항해 시대에 배로 먼 바다를 항해할 때 사용했어.

그 까닭은 작은 종이 한 장에 많은 걸 담아야 하고
둥근 지구를 평평한 종이에다 옮겨 그려야 하기 때문이야.
어쩔 수 없이 지도를 사용하는 목적에 따라 줄이거나 부풀리고
어떤 부분은 땅 모양을 실제와 다르게 그릴 수밖에 없어.
그러니 정확한 지도란, 사용하는 목적에 알맞게 고른 지도야!

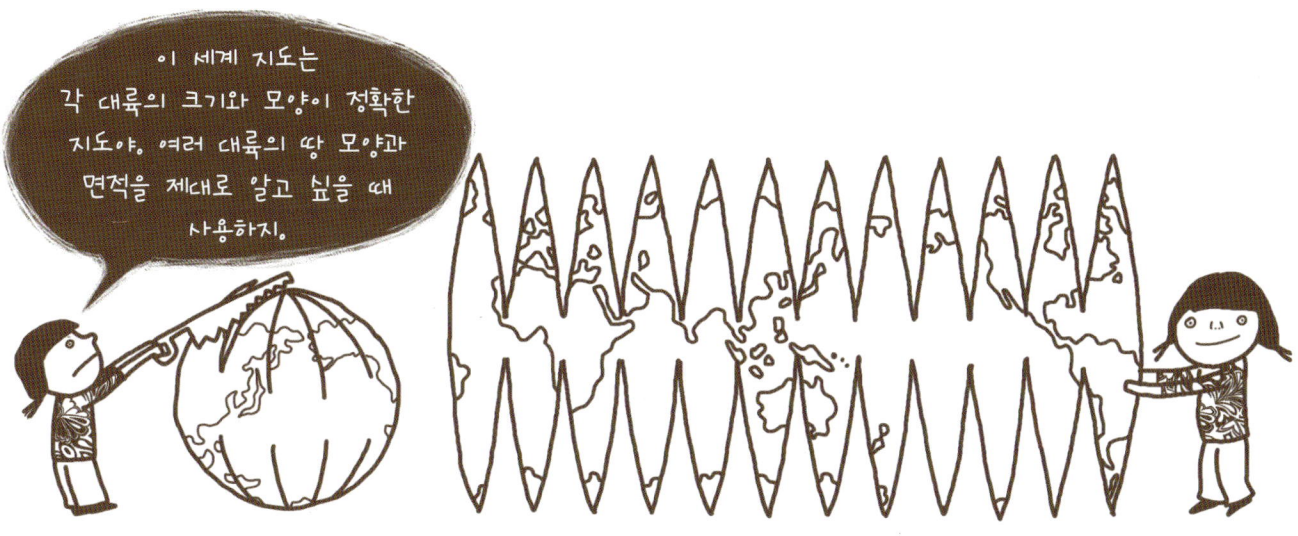

옛날에는 세상의 중심이 어디였을까?

옛날 사람들은 세계 지도를 그릴 때 자기들한테 가장 중요한 곳을 지도의 중심에 놓았어. 옛날 세계 지도는 그것을 만든 사람에 따라 세계의 중심이 달라진 거야!

◀ 티오(T-O) 지도

이 지도는 중세 유럽에서 만든 지도야. 지도의 모양이 가운데는 'T', 테두리는 'O'자로 되어 있다고 해서 'T-O' 지도라 불려. 가운데는 당시 유럽 사람들이 세계의 중심이라고 여긴 기독교 성지 예루살렘이고 위쪽은 아시아, 아래 왼쪽은 유럽, 아래 오른쪽은 아프리카야.

알 이드리시 세계 지도 ▶

이 지도는 이슬람 지리학자 알 이드리시가 만든 세계 지도야. 이슬람의 전통에 따라 남북을 거꾸로 그렸는데 이슬람교의 성지인 메카가 지도의 중심에 왔어.

◀ 천하도

이 지도는 중국에서 만든 세계 지도야. 중국 땅, 그 가운데에서도 한족이 살던 중원이 지도의 중심에 있어. 아주 먼 옛날부터 중국 사람들은 한족이 '세계의 중심'이고 나머지 민족은 모두 오랑캐라고 믿었어. 우리 민족은 동쪽 오랑캐 즉, 동이족이라고 불렀지.

혼일강리역대국도지도 ▶

이 지도는 우리나라에서 만든 세계 지도야. '혼일(混섞을 혼, 一한 일)'이라는 말은 '중화와 우리가 하나 된다'는 뜻이야. 이 지도는 우리나라가 아프리카보다 훨씬 크게 그려져 있고 넓은 땅덩이인 중국 옆에 나란히 그려져 있어. 우리나라가 중국 못지않은 세계의 중심이라는 자신감을 드러내고 있어.

오늘날 세계 지도의 중심은 어디일까?

우리가 만날 보는 세계 지도에서
우리나라는 세계의 중심, 태평양 한복판에 당당히 자리 잡고 있어.
우리는 이런 세계 지도를 당연하게 받아들이지.
유럽이나 아메리카 대륙에 사는 사람들도 그럴까?
오늘날에도 사람들은 자기가 사는 곳을 세상의 중심에 놓은
세계 지도를 보고 있어!

우리나라는 삼면이 바다로 둘러싸여서 드넓은 대양으로 나아가기에 유리해.

태평양   대서양   인도양

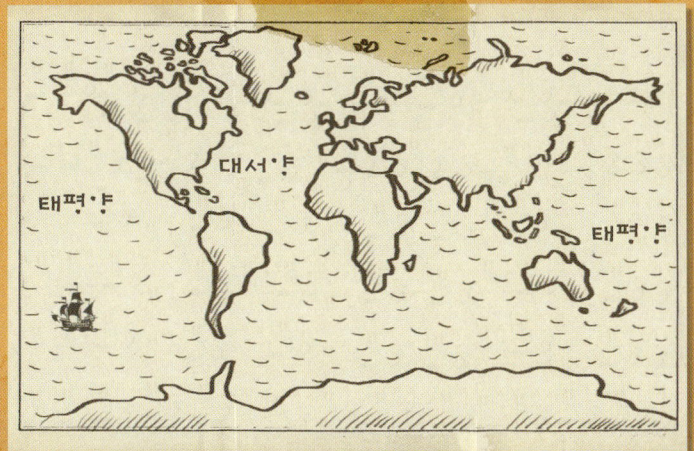

유럽 사람들이 보는 세계 지도는 유럽과 대서양이 중심에 있어. 얼마 전까지만 해도 우리는 우리땅 서쪽에 있는 서아시아를 중동이라고 불렀어. 유럽 사람들이 바라보는 눈으로 우리도 본 거지.

아메리카 대륙에 사는 사람들은 아메리카 대륙을 중심에 놓고 대서양과 태평양이 양쪽에 놓인 지도를 보지.

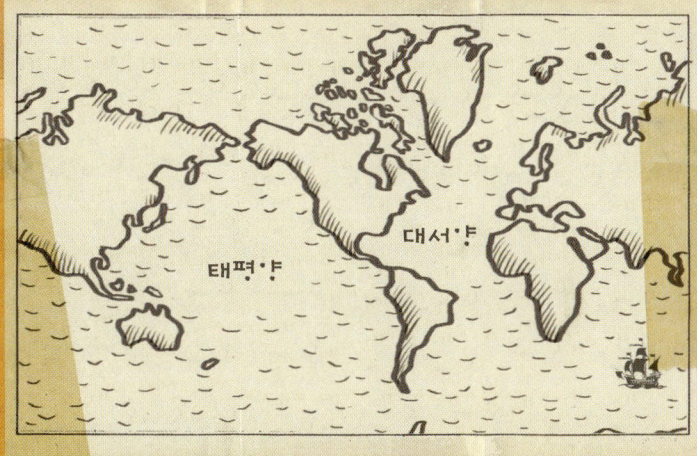

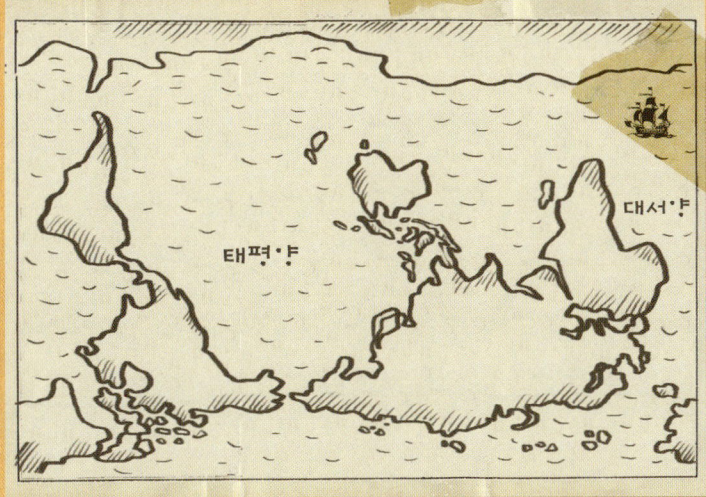

오세아니아 대륙을 세계 중심에 놓은 세계 지도도 있어.

누구나 어디나 세상의 중심이 될 수 있어!

지구는 둥글고 하루에 한 번, 한 해에 한 바퀴 태양 주위를 돌아.
둥근 지구가 빙글빙글 도는데 딱히 어디가 세계의 중심이라고 할 수 없지.
누구나 어디나 세상의 중심이 될 수 있어!

지도는 보는 게 아니야, 읽는 거지!

초판 1쇄 2012년 4월 20일 | **초판 14쇄** 2023년 8월 7일

글 김향금 **그림** 방정화 **감수** 박경
편집 이세은 조연진
아트디렉팅·디자인 Map.ing _이소영
마케팅 강백산 강지연
펴낸이 이재일
펴낸곳 토토북 04034 서울시 마포구 양화로11길 18, 3층(서교동, 원오빌딩)
전화 02-332-6255 **팩스** 02-6919-2854
전자우편 totobooks@hanmail.net **홈페이지** www.totobook.com
출판등록 2002년 5월 30일 제10-2394호

ISBN 978-89-6496-076-9 73980

ⓒ 김향금 방정화, 2012

이 책은 저작권법에 의해 보호를 받는 저작물이므로 무단 전재 및 무단 복제를 금합니다.
잘못된 책은 바꾸어 드립니다.

제품명: 지도는 보는 게 아니야, 읽는 거지! | **제조자명:** 토토북 | **제조국명:** 대한민국 | **전화:** 02-332-6255
주소: 서울시 마포구 양화로11길 18, 3층(서교동, 원오빌딩) | **제조일:** 2023년 8월 7일 | **사용연령:** 7세 이상
* KC 인증 유형: 공급자 적합성 확인
* KC마크는 이 제품이 공통안전기준에 적합하였음을 의미합니다.
⚠ **주의** 책의 모서리에 다치지 않게 주의하세요.

지도 한 장에 이렇게나 많은 이야기가 있는 줄 몰랐어요. 지도에 숨겨진 약속과 암호를 알고 나니까 우리와 다른 환경에 있는 먼 나라들이 궁금해지고, 다른 나라 친구들은 우리나라를 어떻게 생각하는 지도 알고 싶어졌어요. 앞으로도 조금씩 조금씩 지도를 읽고, 지도와 놀면서 더 큰 꿈을 꿀 수 있는 세상으로 나아갈 거예요.

이름 _____ (사인)

날짜 _____ 년 ____ 월 ____ 일

나만의 주제도를 만들어요

자동차를 수출하는 회사의 대표가 되었어요. 어느 나라로 수출하고 싶은지 표시해요.
수출을 많이 하고 싶은 나라는 굵은 화살표로, 수출을 적게 해야 하는 나라는 가는 화살표로 표시해요.

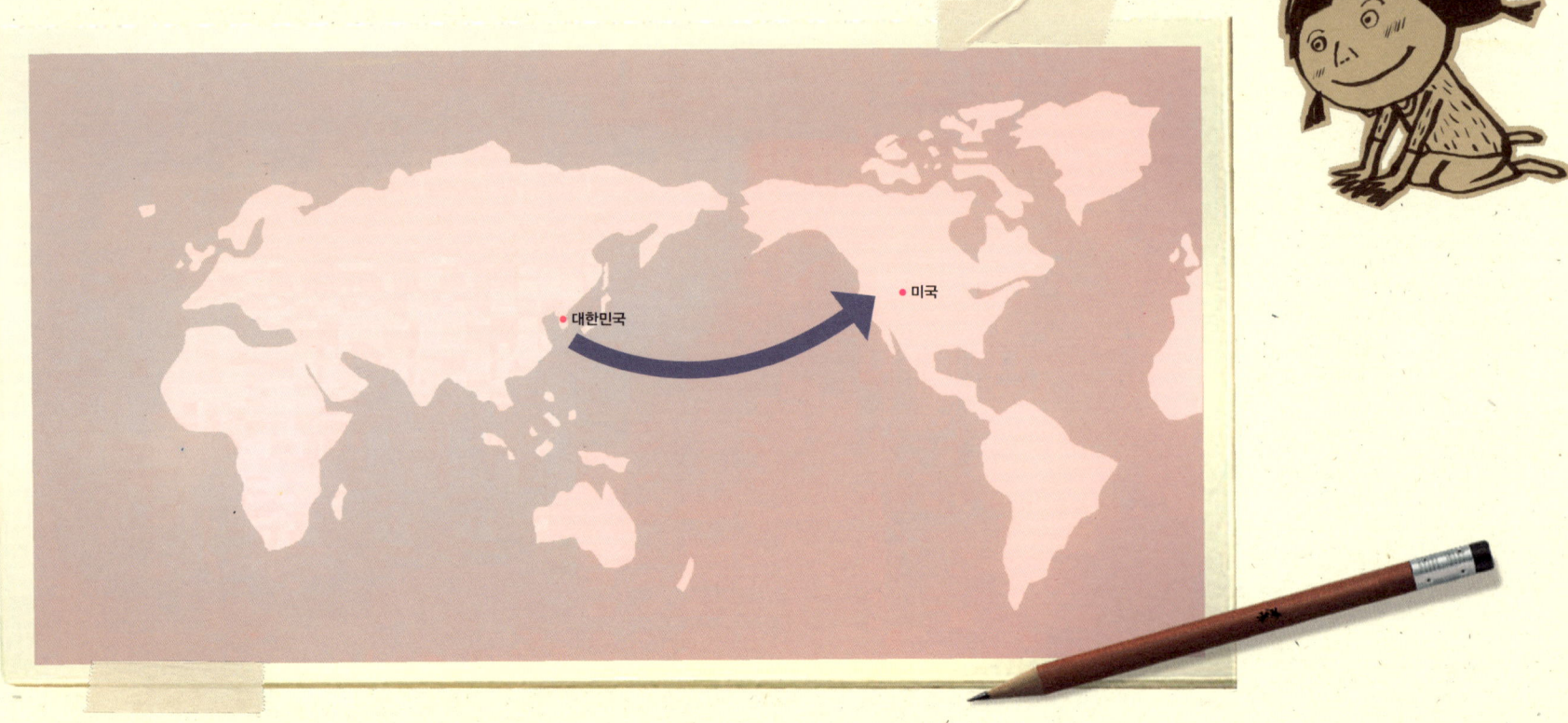

내가 만든 자동차 수출 지도야. 특정한 주제를 나타내는 지도를 그릴 땐 점, 선, 면을 이용해.

땅 이름을 익혀요

같은 식구라도 이름이 다 다르듯이, 우리 땅도 생긴 모양에 따라 이름이 달라요.
땅의 생김새를 설명한 글과 이름을 알맞게 짝지어 보아요.

- 산
- 평야
- 강
- 곶
- 반도
- 만

삼면이 바다로 둘러싸이고 한 면은 육지와 이어진 땅

사방으로 펼쳐진 넓고 평평한 땅

평지보다 높이 솟아 있는 땅

넓고 길게 흐르는 큰 물줄기

바다가 육지 속으로 파고들어와 있는 곳

바다 쪽으로 좁고 길게 뻗어 있는 육지의 한 부분

세계 지도에 표시된 중요한 선과 대륙, 대양을 익혀요

점선을 따라 위선을 그려요. 점선을 따라 경선을 그려요.
점선을 따라 날짜 변경선을 그려요. 대륙과 바다의 이름을 써 보아요.

지도의 기호를 익혀요

여기는 제주도! 지도 기호를 보고 적당한 위치에 맞는 기호를 그려요.

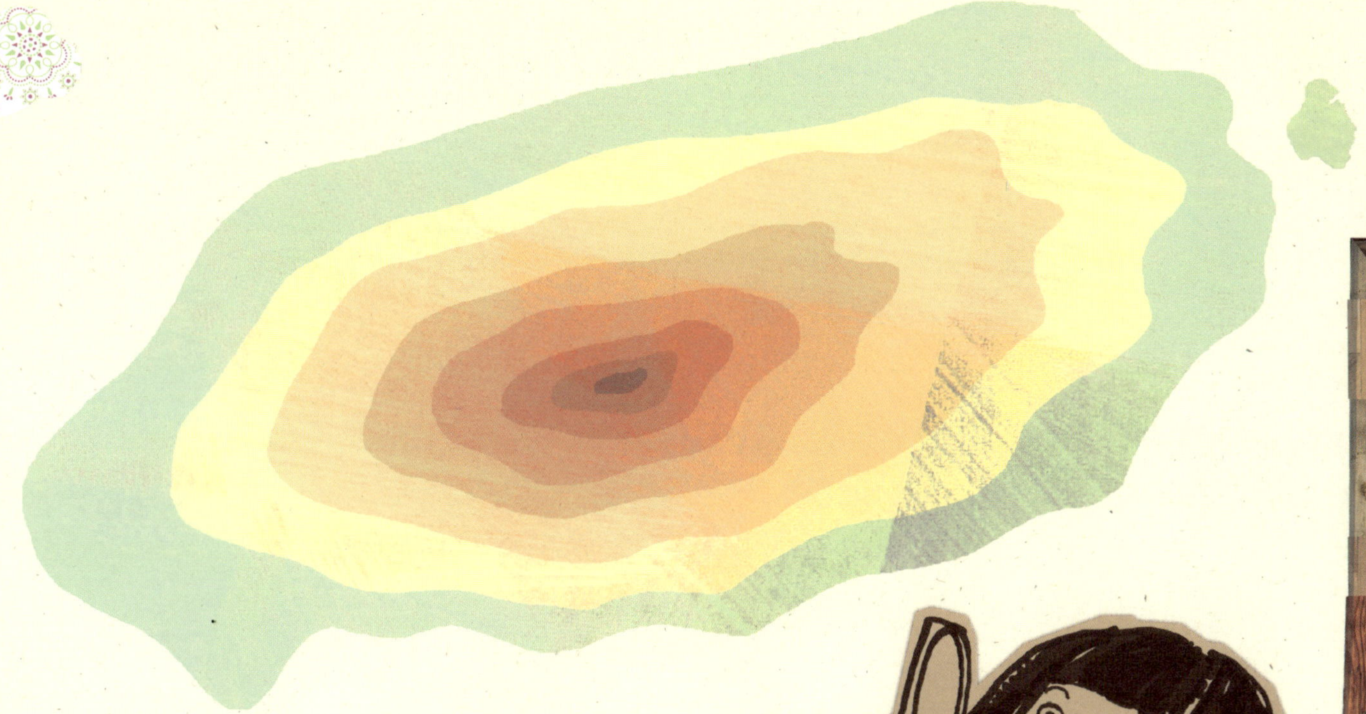

약도를 그려요

친구들에게 줄 약도를 그려야겠어요. 친구들이 찾기 쉬운 건물을 떠올리며 약도를 그려요.

머릿속 지도를 그려요

친구들이 우리 집에 놀러 오고 싶대요.
학교에서부터 우리 집까지 찾아오는 길을 설명해 주어야겠어요.
친구들이 찾기 쉬운 건물이 뭐였더라…… 떠올려 보자!

문방구, 빵집, 약국, 편의점,
떡볶이 집, 은행……
또 뭐가 있지?

《지도 읽는 법과 친해져요》 만드는 법

❶ 별책 부록 7쪽과 8쪽에 그려진 점선을 따라 가위로 잘라 냅니다.
❷ 접혀 있는 상태로 1쪽에 그려진 찍개 표시를 따라 철합니다.
❸ 3쪽과 6쪽 사이를 가위 표시를 따라 잘라 냅니다.
  찍개와 가위를 사용할 때는 손이 다치지 않게 조심합니다.
❹ 1쪽부터 8쪽까지 순서를 확인합니다.
❺ 나만의 《지도 읽는 법과 친해져요》 완성!

다 쓰고 그린 후 8쪽 하단에 이름을 적고 사인하는 것 잊지 마세요.
여러분의 책이니까요.